ANALISI DEL LIBRO

AF142107

La lezione

· · · · · · · · · · · · · ·

Eugène Ionesco

ANALISI DEL LIBRO

Scritto da Baptiste Frankinet
Tradotto da Sara Rossi

La lezione

Eugène Ionesco

EUGÈNE IONESCO

DRAMMATURGO E SAGGISTA FRANCESE

- **Data e luogo di nascita: 1909, Slatina (Romania)**
- **Data e luogo di morte : 1994, Parigi**
- **Opere:**
  - *La cantatrice calva* (1950), opera teatrale
  - *Rinoceronte* (1959), opera teatrale
  - *Il re muore* (1962), opera teatrale

Nato da padre rumeno e madre francese, Eugène Ionesco arrivò in Francia un anno dopo la sua nascita e fu naturalizzato francese nel 1951. La sua opera teatrale (*"La cantatrice calva"*; *"La lezione"*, 1951; *"Les Chaises"*, 1952, ecc.) ha lasciato un segno nella letteratura: oggi è uno dei drammaturghi francesi più rappresentati al mondo. Ansioso di essere compreso, lasciò molti commenti alla propria opera (*"Notes et contre-notes"*, 1962; *"Journal en miettes"*, 1967, ecc.). Fu eletto all'Académie française nel 1970.

Ionesco è il caposcuola del teatro dell'assurdo, un nuovo genere teatrale che, all'indomani della Seconda Guerra Mondiale (1939-1945), stravolse le regole del teatro classico.

LA LEZIONE

L'ASSURDA LEZIONE DI UN MAESTRO AL SUO ALLIEVO

- **Genere:** teatro (tragedia)
- **Edizione di riferimento:** *La Leçon*, Paris, Gallimard, collezione "Folio théâtre", 1994, 131 p.
- **Prima edizione:** 1951
- **Tematiche:** tentazione, omicidio, desiderio, linguaggio, potere, insegnamento.

"La lezione" è un atto unico scritto nel 1950 e rappresentato pochi mesi dopo. In esso Ionesco ritrae un vecchio insegnante che riceve a casa propria una giovane studentessa per lezioni private. Man mano che lo spettacolo procede, la lezione si complica e la comunicazione tra insegnante e studentessa si interrompe. La storia si conclude con l'omicidio della giovane donna da parte del suo insegnante.

Oggi *"La lezione"* è una delle opere di Eugène Ionesco più rappresentate e più lette. Questa tragedia ha la particolarità di permettere a tutti di interpretarla a modo proprio.

SINTESI

L'opera non è divisa in scene o atti. È interpretato da tre personaggi: l'insegnante, la studentessa e la cameriera dell'insegnante.

UNA LEZIONE MOLTO SPECIALE

Una giovane studentessa che intende prepararsi al "concorso per il dottorato" per soddisfare i genitori si rivolge a un insegnante per lezioni private.

All'inizio discutono di banalità, un'occasione per l'insegnante di mettere alla prova le conoscenze di base della ragazza. Quando la ragazza dice al professore di essere "a sua disposizione" (p. 33), suscita in lui un desiderio e diventa chiaro che la relazione tra i due personaggi è ambigua. La natura libidinosa dell'insegnante è enfatizzata nella didascalia (ad esempio, il suo sguardo è spesso descritto come "libidinoso") e compare anche in battute curiose, come quando spiega le operazioni matematiche illustrandole con esempi eccentrici che fanno riferimento al corpo dell'allieva: "Se tu avessi due nasi e io te ne strappassi uno... Quanti te ne resterebbero ora?" (p. 45).

Procede poi con una lezione di aritmetica. La lezione inizia con una sessione di domande e risposte, ma la giovane studentessa, che all'inizio sembrava brillante, rivela gradualmente grandi lacune nelle sue conoscenze. Così, quando discutono dell'addizione al livello più semplice (1 + 1, 2 + 1, ecc.), l'insegnante sembra meravigliarsi – eccessivamente – del fatto che abbia padroneggiato questo livello elementare di conoscenza, ma quando considera la sottrazione, si rende conto che non è in grado di ragionare su dati semplici (non può risolvere 4 – 3 o sapere se 3 è maggiore di 4). Paradossalmente, riesce a eseguire calcoli estremamente complessi (p. 52), avendo memorizzato tutte le moltiplicazioni possibili.

UN DOLORE PREMONITORE

L'insegnante è leggermente esasperato da un successo che non è chiaramente accompagnato dalla riflessione tradizionalmente richiesta per questo tipo di esercizi. Dopo la lezione di aritmetica, la lezione di filologia dà inizio al deterioramento del rapporto tra insegnante e studentessa. Trasportato dal suo impeto e irritato dalle interruzioni della giovane donna, l'insegnante diventa minaccioso.

La ragazza interviene solo per lamentarsi all'infinito di un mal di denti. L'insegnante chiama la cameriera, che vede subito nel dolore della studentessa un sintomo dell'esito fatale della lezione: sa che non è il primo studente che si presenta per una lezione privata. In effetti, questa è già la quarantesima volta che il suo capo si comporta in questo modo e succede ogni giorno. Cerca di intervenire, ma viene rimandata in cucina.

VERSO UNA FINE TRAGICA

L'insegnante, fuori di sé, insulta e minaccia e inizia una seduta di ipnosi che si evolve secondo le esigenze della parola e l'onnipotenza del proprio desiderio. Mentre l'insegnante le gira intorno, l'allieva è costretta a ripetere più volte la stessa parola, "coltello", annuncio fatale del destino che l'attende.

La giovane donna lamenta dolori alla gola, alle spalle, al seno, ai fianchi, alle cosce e allo stomaco. Infine, l'uomo brandisce un coltello: la stupra e la uccide. Non appena il crimine viene commesso, l'insegnante si fa prendere dal panico e chiede aiuto alla sua domestica.

Sconvolto, si rifiuta di ammettere le proprie colpe. Tuttavia, viene richiamato all'ordine dalla cameriera che, come una madre, gli fa la predica, stanca del suo comportamento. L'insegnante si pente e sembra deplorare le sue azioni, ma un nuovo studente suona il campanello, perpetuando un ciclo senza fine.

STUDIO DEL CARATTERE

Ad eccezione della cameriera, di nome Marie, gli altri due personaggi non vengono mai nominati se non per la loro funzione sociale, cioè "l'insegnante" e "la studentessa".

A prima vista, questi personaggi, privi di identità e ridotti al loro solo status, possono sembrare piatti ed esili. Tuttavia, le indicazioni sceniche forniscono al lettore informazioni dettagliate sul loro sviluppo nel corso dell'opera e sulle relazioni che intrattengono tra loro.

LO STUDENTE

La ragazza di 18 anni è fresca e allegra. Vestita con un "grembiule grigio, piccolo colletto bianco", ha un "asciugamano sotto il braccio" come accessorio (p. 23). Il suo aspetto così descritto suggerisce che proviene da una buona famiglia, probabilmente borghese, il che è corroborato dalla sua estrazione sociale ("i miei genitori sono abbastanza ricchi", p. 31; "giovane ragazza di mondo", p. 26). Superficiale, sembra non avere chiare aspirazioni personali, il suo obiettivo è soprattutto quello di soddisfare i genitori seguendo la strada che le hanno indicato.

Il suo personaggio si evolve nel corso dell'opera: volubile, sicura di sé, viene gradualmente destabilizzata e poi sopraffatta dall'atteggiamento e dalle domande dell'insegnante, alle quali non è in grado di rispondere. Poi si ritira gradualmente in sé stessa. Si sente sopraffatta. Tuttavia, cerca di farsi ascoltare ripetendo le stesse parole in continuazione ("Ho mal di denti"), quasi in modo ossessivo.

Il suo ruolo nella commedia è tanto più significativo in quanto conferisce una dimensione particolare alle sue relazioni: da studentessa spigliata ed educata dell'inizio, si ritrova ben presto sopraffatta dalla situazione, vittima dell'ascendente del professore, poco assertiva e poco reattiva; una sottomissione che ricorda peraltro il suo rapporto con i genitori, che in un certo senso le impongono di sostenere l'esame ("Anche i miei genitori vogliono che io approfondisca le mie conoscenze. Vogliono che mi specializzi", p. 30; "I miei genitori [...] vorrebbero che facessi un dottorato completo", p. 31). Infine, appare come un personaggio intercambiabile; senza un nome o un cognome, incoerente, non ha una personalità spiccata e si confonde con la quarantina di studenti che l'hanno preceduta e con quelli che le succederanno con il professore.

L'INSEGNANTE

"È lo stereotipo dell'insegnante, sia nell'aspetto che nell'atteggiamento inizialmente deferente. Il suo ritratto psicologico, tuttavia, non rimane stabile, ma si evolve notevolmente: da malato, timido, al limite del ridicolo (la sua voce è "piuttosto fluente", p. 24; i punti di sospensione mostrano le sue numerose esitazioni quando cerca le parole; una didascalia indica che balbetta leggermente), diventa poi dominatore e poi perverso fino all'omicidio, prima di ritrovarsi sconvolto come un ragazzino.

Socialmente, incarna sia l'autorità che la conoscenza. Le domande che pone alla ragazza sono però di livello più che elementare e la sua pedagogia singolare: si complimenta eccessivamente con la sua allieva, prima di abusare del suo potere, usando, da un lato, il suo status di insegnante per intimidire la sua allieva e, dall'altro, il suo status di capo per licenziare la sua domestica. Questa doppia dialettica insegnante/allieva e capo/cameriera sottolinea le sue difficoltà relazionali e il suo atteggiamento pericolosamente instabile. Infatti, prima si rivolge all'allieva in modo molto cortese ("Sono solo il vostro servo", p. 33), rivolgendosi a lei in modo educato, prima di passare a insultarla e infine a minacciarla ("Niente insolenze, mignonne, o guardatevi da voi", p. 76), tutte cose che lo porteranno a commettere un omicidio.

Il personaggio principale de *"La lezione"*, chiaramente affetto da sdoppiamento di personalità, incarna sia l'assurdità che la follia.

IL DIRITTO

Marie, la cameriera dell'insegnante, è una donna "forte", di "45-50 anni", "dal viso rosso", che indossa un "copricapo da contadina" (p. 23). Appare, quindi, come una semplice e tranquilla cameriera al servizio del suo padrone e saluta l'allieva in modo appropriato prima dell'arrivo dell'insegnante.

Tuttavia, il suo profilo psicologico non è meno complesso. Mostra una certa doppiezza, soprattutto nel rapporto con l'insegnante. Dal punto di vista relazionale, la donna obbedisce certamente agli ordini del suo capo, ma non esita a uscire dal suo ruolo di subordinata per rivolgersi a lui con franchezza, persino per mettergli fretta. Lei stessa interviene in due occasioni per metterlo in guardia. Quando si sofferma nella stanza dove si svolge la lezione, lo mette in guardia ("Stai attento, ti raccomando la calma", p. 34); "L'aritmetica [...] ti dà sui nervi", p. 35) e poi disturba di nuovo la lezione quando l'insegnante passa alla filologia per dirgli che "la filologia porta al peggio" (p. 55), prima di metterlo in guardia un'ultima volta menzionando "il sintomo finale! Il grande sintomo!" (p. 79). Inoltre, alla fine, non esita a rimproverare il suo capo con un atteggiamento "sarcastico" e "molto duro" (p. 85), prima di avere pietà di lui e rassicurarlo.

L'evoluzione di questo personaggio è ciclica, in quanto alla fine torna a essere la cameriera affabile e rispettosa che accoglie un nuovo allievo nello stesso modo in cui ha accolto la precedente, pur essendo consapevole dei rischi che comporta.

CHIAVI DI LETTURA

SCHEMA NARRATIVO

Situazione iniziale: è l'inizio della storia, il momento in cui si definisce l'ambientazione e si introducono i personaggi; la situazione è equilibrata, cioè non ha motivo di cambiare.

• Arrivo della studentessa accolta dalla cameriera prima dell'inizio della lezione privata.

Elemento di disturbo: si tratta di un evento che interrompe la situazione iniziale e dà il via alla storia stessa.

• L'ambiguità delle parole della studentessa ("Sono a tua disposizione", p. 33) che suscitano impulsi libidinosi nell'insegnante.

Periferiche: sono gli eventi causati dall'elemento di disturbo e che portano alle azioni intraprese dall'eroe per risolvere il problema.

• L'agitazione e l'eccitazione dell'insegnante, inizialmente a disagio, aumentano man mano che affronta i diversi argomenti; gli interventi della cameriera, che avverte il suo capo con osservazioni più o meno implicite; l'insegnamento dell'aritmetica e poi della filologia, accompagnato da una violenza verbale decuplicata da parte dell'insegnante; le incessanti lamentele della studentessa per il mal di denti; la crescente tensione dell'insegnante intorno alla parola "coltello", che fa ripetere alla sua allieva ipnotizzata.

Finale: conclude gli eventi e porta alla situazione finale.

- Stupro e omicidio della ragazza da parte dell'insegnante al termine di una lezione confusa.

Situazione finale: questa è la fine della storia. La situazione è di nuovo stabile, come quella iniziale, ma si è trasformata.

- L'insegnante è in preda al panico e viene presto raggiunto dalla sua cameriera che parla della sepoltura di altri quaranta studenti, prima dell'arrivo di uno nuovo.

UNA TRAGEDIA?

Fin dall'inizio, Ionesco presenta la sua opera come un dramma comico. È vero che rispetta alcune caratteristiche della tragedia classica: c'è una sola azione principale (una lezione impartita da un maestro alla sua allieva) che si svolge in un solo luogo (la casa del maestro) e in un periodo di tempo abbastanza breve. La trama segue una normale progressione drammatica:

- un'esposizione, durante la quale viene definito il quadro della storia;

- un nodo che si crea gradualmente nel rapporto tra insegnante e studentessa;

- un finale segnato dalla morte della studentessa.

Inoltre, come nella tragedia classica, il lettore/spettatore può facilmente percepire il destino della ragazza attraverso gli indizi testuali che compaiono nel dialogo. Inoltre, ella utilizza più che frequentemente il registro della lamentela ("Oh, no! Oh, cielo! Ne ho abbastanza! E poi mi fanno male i denti, mi fanno male i piedi, mi fa male la testa", p. 80) e, non appena perde il controllo sull'interlocutore, usa un registro angoscioso, pieno di esitazioni ("Anche le rose di mia nonna sono... gialle, in francese, ça dit jaune?" (p. 67); "Les... comment dit 'roses' en roumain?" (p. 70); "Mi scusi, signore, ma... [...] non conosco la differenza" (*id.*).

Tuttavia, diversi elementi ci impediscono di affermare che si tratta di una vera e propria tragedia. Ci sono molti elementi comici che attenuano il valore tragico dell'opera:

- Il ridicolo è onnipresente nelle lezioni di aritmetica e filologia;

- L'allieva è ben lontana dall'eroe tragico classico; non è consapevole del destino che l'attende e, lungi dall'agire con coraggio di fronte a tale destino, sembra rassegnarsi e sottomettersi totalmente alla benevolenza del suo maestro;

- L'omicidio mostrato in scena non rispetta la regola di correttezza che consiste nel non mostrare nulla di scioccante per il pubblico;

- L'aspetto tragico è totalmente relativizzato dalle ultime parole dell'opera. Non appena la cameriera ci dice che questo è il quarantesimo omicidio commesso e che accade ogni giorno, la drammaticità della scena rappresentata scompare completamente e viene sostituita dall'assurdità. La denuncia elimina la tragedia dalla scena del delitto e la trasforma in un non-evento, in un fatto privo di significato.

COMMEDIA IRRITANTE

Anche il sottotitolo dell'opera, "Dramma comico", fa riferimento al registro comico. Ciò viene confermato nel corso dell'opera. Numerosi sono gli espedienti utilizzati per dare a questa tragedia una connotazione comica, persino burlesca. La maggior parte di essi è legata all'insegnante.

Al carattere ridicolo del professore dalla "voce sottile" (p. 24) si aggiunge il suo atteggiamento iniziale: si scusa continuamente: "Non so come scusarmi per averla fatta aspettare... Stavo finendo... non è vero, da... Mi scuso... Mi scuserà" (p. 27). Il suo malessere è pervasivo. I punti di sospensione abbondano, forse tradendo una leggera balbuzie. Esita, cercando le parole.

C'è anche una discrepanza tra il "concorso di dottorato totale" preparato dalla studentessa e il livello delle domande molto elementari poste dal docente. Per esempio, le chiede delle stagioni e poi le fa sommare i numeri. Per quanto riguarda le sottrazioni, la ragazza non è in grado di risolverle. I commenti dell'insegnante sono spesso fuori tema, addirittura privi di senso (ad esempio, quando dice che gli piacerebbe vivere a Bordeaux, anche se non conosce la città, p. 27-28). La sua logica e la sua pedagogia sono estrose.

All'inizio della commedia, l'insegnante ricorre costantemente all'esagerazione, elemento fondamentale del registro comico. Si scusa ripetutamente e senza motivo: "Non so come scusarmi [...]. Mi scuso... Mi scuserà...". (p. 27); "Le mie scuse". (*id.*); "Coraggio... signorina... le chiedo scusa... pazienza" (p. 28); "Le chiedo scusa, signorina, stavo per dirle"

(p. 29); "Le chiedo scusa per averla dovuta contraddire" (p. 39). Si meraviglia delle conoscenze molto rudimentali e incomplete della sua allieva; le fa complimenti esagerati e inopportuni: "Ma sì, signorina, brava, ma è molto buono, è perfetto". Le mie congratulazioni", p. 28); "E' magnifica! Carinissima. Mi congratulo vivamente con lei, signorina. [...] Per quanto riguarda il conto, lei è magistrale" (p. 39). Utilizza molto spesso anche l'iperbole, ad esempio, quando si preoccupa di sapere se la sua allieva non è "esausta" dopo averle fatto fare delle addizioni ("Mi dica solo, se non è esausta, quanto fa quattro meno tre?", *ibidem*).

Le sue parole sono spesso inopportune, persino indecenti, soprattutto dopo l'omicidio della ragazza: "Non troppo costose, comunque, le corone. Non ha pagato la lezione." (p. 88) Infine, vengono citati elementi che non esistono, come il "concorso di dottorato totale" o il "diploma sovra-totale".

Attraverso questo personaggio, la commedia diventa assurda.

LA DISTRUZIONE DEL LINGUAGGIO

Come ne "*La cantatrice calva*", Ionesco cerca di distruggere la funzione comunicativa del linguaggio. Per raggiungere questo obiettivo utilizza diversi mezzi:

• In primo luogo, presenta due personaggi che discutono senza ascoltarsi veramente: l'insegnante, ad esempio, parla di consonanti che "cambiano la loro natura in legature", mentre la studentessa ripete di avere mal di denti e continua senza tenerne conto ("Andiamo avanti", p. 61). La funzione principale del linguaggio è, quindi, ridotta a nulla e riappare solo dopo l'omicidio;

- In secondo luogo, Ionesco sviluppa eccessivamente un linguaggio convenzionale che non ha senso al di fuori del contesto in cui opera. Le formule di cortesia, ad esempio, vengono moltiplicate. Vengono utilizzate per misurare chi ha il sopravvento. All'inizio della commedia, l'insegnante usa il maggior numero possibile di "signorina", ma alla fine della commedia l'allieva implora con innumerevoli "signore". Inoltre, l'insegnante usa molti insulti, che non sono molto appropriati al contesto in cui si svolge la scena;

- Infine, le frequenti ripetizioni fanno perdere significato ad alcune scene e permettono di introdurre l'assurdità del linguaggio.

Questa assurdità del linguaggio è molto presente nella lezione di traduzione. L'insegnante insegna all'allieva la parola "coltello" in tutte le lingue, prima di fargliela ripetere in una lingua, il francese. Inoltre, sostiene di insegnarle il "neo-spagnolo", un idioma che non esiste. Questa scena è, quindi, rappresentativa dell'insensatezza del dialogo tra la studentessa e l'insegnante. Allo stesso modo, la ripetizione incessante della parola "coltello" la svuota del suo significato e la trasforma in un'onomatopea. I suoni [k] e [t] evocano, come suggerisce Ionesco nella sua didascalia, il ticchettio meccanico di un orologio.

IL LINGUAGGIO COME SIMBOLO DI POTERE

- Ne "*La lezione*", i due personaggi sembrano appartenere a due mondi diversi. Uno, un uomo dominante e violento, insiste nell'insegnare una materia incomprensibile all'altra, che è dominata, non vuole ascoltare e rimane totalmente concentrata su sé stessa. L'insegnante, esasperato dalla mancanza di controllo sull'allieva, usa il linguaggio come mezzo per possedere l'altro. La sua posizione di insegnante gli conferisce autorità sulla sua interlocutrice e, attraverso l'autorità del linguaggio e la sua conoscenza, riesce a dominarla completamente e finisce per ucciderla.

La parola, dapprima regolata da formule educate e comportamenti gentili, sfugge progressivamente a ogni misura, fino a rendere reale l'oggetto omicida, il coltello. Infatti, questo non esiste materialmente; è la forza rappresentativa della parola che riesce a uccidere la ragazza.

Infine, è proprio il dialogo che porta il professore a una sorta di schizofrenia. Una volta compiuto l'omicidio, si comporta come se si fosse svegliato e un doppio inconsapevole avesse agito al suo posto. Ritorna al personaggio timido e impressionabile che era e si rifiuta di credere di essere stato capace di un simile atto.

UNA SATIRA SULL'EDUCAZIONE

L'opera offre anche una caricatura dell'educazione. Ionesco si diverte a mostrare che il linguaggio che funge da veicolo principale per l'insegnamento può essere completamente privo di significato. Ad esempio, quando l'insegnante propone di analizzare l'espressione proverbiale "cadere su orecchie sorde", dice: "I suoni, signorina, devono essere afferrati al volo dalle ali per non cadere su orecchie sorde. Pertanto, quando si decide di articolare, è consigliabile, per quanto possibile, alzare molto il collo e il mento, stare in punta di piedi, così si vede..." (p. 59). In questo modo l'insegnante, contrariamente a quanto richiesto dalla sua professione, si attiene a una comprensione di primo grado dell'espressione che sta cercando di spiegare.

Inoltre, spesso adotta un tono magistrale per spiegare cose che cerca di presentare come logiche e che, invece, sono totalmente implausibili. Cita, ad esempio, un certo compagno che soffriva di un difetto di pronuncia: "Non riusciva a pronunciare la lettera f. Invece di f, diceva f. Quindi, invece di font, diceva f". Invece di f, direbbe f. Così, invece di fontana, non berrò la tua acqua, direbbe: fontana, non berrò la tua acqua." (p. 63). Leggendo, non c'è ovviamente alcuna differenza tra queste due frasi. Allo stesso modo, quando considerano le diverse traduzioni della parola "coltello": "Sarà sufficiente che lei pronunci la parola coltello in tutte le lingue" (p. 79), e più avanti: "Ah, se insiste, collo, coltello". È neospagnolo...", "Se vuole, sì, neospagnolo, [...] E poi, cos'è questa domanda inutile?" (p. 81).

UN RISULTATO INESORABILE

Gli indizi sparsi per tutta la pièce annunciano il macabro epilogo che sta per arrivare. Il ritmo si fa progressivamente frenetico, le battute si scambiano senza rispondersi in una sorta di sticomitia, una sequenza dalla quale sono completamente scomparsi i punti di sospensione che avevamo visto all'inizio dell'opera.

Gli avvertimenti della cameriera, dapprima misteriosi e impliciti ("Stia attento, le raccomando la calma", p. 34; "Non dirà che non l'avevo avvertita", (p. 35), diventano più chiari man mano che l'insegnante prende il sopravvento sull'allieva, la domina e la trascina nella scia della sua follia.

Gli avvertimenti apparentemente innocui dell'insegnante assumono un significato del tutto nuovo alla luce del suo crimine: "Imparerete che ci si può aspettare di tutto." (p. 29). Più tardi, la minaccia: "Non farmi arrabbiare! Non risponderò più di me stesso". (p. 72); poi, parlando dei suoi denti: "Te li tiro fuori io!" (p. 74). La minaccia diventa allora più chiara: "Silenzio! O ti spacco il cranio" (*id.*); "Ti strappo le orecchie, così non ti faranno più male, tesoro mio!" (p. 81).

La natura libidinosa del professore è menzionata nelle prime righe ("il bagliore libidinoso nei suoi occhi diventerà alla fine una fiamma consumante e ininterrotta", p. 26).

I riferimenti alle parti del corpo della ragazza si moltiplicano: prima vengono evocati due organi di senso, il naso e poi l'orecchio, che servono a illustrare la lezione ("Se tu avessi avuto due nasi, e io te ne avessi strappato uno...", p. 45; poi, alludendo alle orecchie: "Tu ne hai due, io ne prendo uno, ne mangio uno", *id.*).

Alcune battute fanno chiari riferimenti alla morte, ad esempio quando l'insegnante dice alla studentessa: "Ricordati di questo fino alla tua morte..." (p. 59), e lei risponde innocentemente: "Oh sì, signore, fino alla mia morte", avallando così le sue parole senza rendersene conto (p. 59).

Infine, l'apparizione del coltello (invisibile) che prende da un cassetto e brandisce fa presagire il peggio ("Brandì il coltello davanti agli occhi della studentessa", p. 80; "Il coltello uccide...", p. 83). Poi, la violenza della parola incontrollabile diventa violenza fisica: il potere delle parole ha raggiunto la carne, e la scena si ripeterà – fino allo sfinimento?

UN'OPERA RAPPRESENTATIVA DEL TEATRO DELL'ASSURDO

Stravagante e burlesca, *"La lezione"* presenta tipi umani, o meglio personaggi che appaiono disumanizzati, privi di una propria identità, caricaturati all'eccesso, e gioca sui temi della morte e dell'assurdità. Sono temi che si ritrovano spesso nel teatro dell'assurdo.

Secondo il critico Martin Esslin, "il teatro dell'assurdo mostra [la condizione umana] semplicemente nell'esistenza, cioè le immagini concrete illustrano l'assurdità dell'esistenza sul palcoscenico" (*Enciclopedia della letteratura*, Parigi, Le Livre de Poche, 2003, pp. 4-5). Si può aggiungere che l'assurdità della commedia sta nell'incomunicabilità, o meglio nella difficoltà di comunicare tra i personaggi, in quanto ci troviamo spesso di fronte a un dialogo tra sordi. Questo è significativo ne *"La lezione"* nella misura in cui la studentessa si lamenta del suo dolore fisico, con parole che cadono nel vuoto, come una litania del nulla.

Inoltre, Ionesco, che "gioca su tutti i registri dell'illogicità del linguaggio", "trasforma l'uomo in una marionetta pontificante" (*id.*), che è il caso dell'insegnante ne *"La lezione"*.

Infine, secondo Pascal Riendeau, "le commedie [del teatro dell'assurdo] sono accomunate dal loro carattere insolito e mescolano in modo inusuale elementi tragici e situazioni comiche", tratti che si ritrovano nella commedia di Ionesco:

anche se il finale è fatale, le parole esilaranti e le situazioni incongrue portano *"La lezione"* a un livello in cui l'assurdo mira solo a confinare i personaggi nella loro condizione disumanizzata.

LA PERCEZIONE DELL'OPERA

Considerato o percepito come troppo all'avanguardia, *"La lezione"* di Ionesco non ebbe un successo immediato, né dal punto di vista del pubblico né da quello della critica. Ionesco era un autore sconosciuto all'epoca, così come gli attori e il regista.

Sebbene la pièce abbia ricevuto un'accoglienza tiepida alle prime due rappresentazioni al Théâtre de Poche il 20 febbraio 1951, e poi al Théâtre Lancry nella primavera del 1952, ebbe il suo primo successo al Théâtre de la Huchette il 7 ottobre 1952, quando il regista Jacques Noël ebbe l'idea di combinare *"La lezione"* con la prima opera di Ionesco, *"La cantatrice calva"*.

- Fu nel 1957 che la commedia, che venne sempre rappresentata dopo *"La cantatrice calva"*, diventò un successo. Il pubblico e la critica furono unanimi e da allora *"La lezione"* fu rappresentata continuamente e tradotta in tutte le lingue e continua a essere eseguita in tutto il mondo.

Per il drammaturgo, il registro comico e quello tragico sono inseparabili, addirittura intercambiabili, il che spiega la complessità e l'ambiguità delle sue opere da un lato, e la reazione inaspettata del pubblico dall'altro.

SPUNTI DI RIFLESSIONE

ALCUNE DOMANDE PER UN'ULTERIORE RIFLESSIONE...

- Identificate le caratteristiche dell'assurdo in questa opera.

- Descrivete i tre personaggi. Immaginate cosa simboleggiano nel contesto storico e politico dell'epoca, visto che l'opera è stata scritta nel 1950.

- Quale arma usa l'insegnante per uccidere la sua allieva? Perché secondo voi Ionesco afferma in una didascalia che quest'arma potrebbe essere immaginaria?

- Si noti la presenza di diversi oggetti ne *"La lezione"*. Che forma assumono e che ruolo hanno in questa rappresentazione? E' possibile fare un parallelo con l'opera teatrale *"Le sedie"*?

- Spiegate il ruolo del linguaggio in questa commedia e confrontatelo con quello di altre opere di Ionesco.

- Cercate in tutta l'opera gli indizi che annunciano il finale.

- Identificate gli elementi comici dell'opera. Qual è il loro scopo?

- Possiamo dire che *"La lezione"* sia una tragedia?

- Si è detto che *"La lezione"* è un'opera di metamorfosi. Qual è la vostra opinione? Giustificate la vostra risposta con degli esempi.

- *"La lezione"* è un gioco dell'assurdo. Confrontatelo con altre opere dello stesso movimento come *"La cantatrice calva"* o *"Aspettando Godot"* (1952) di Samuel Beckett (scrittore irlandese, 1906-1989). Evidenziate le differenze e le somiglianze tra queste opere.

PER APPROFONDIRE

EDIZIONE DI RIFERIMENTO

Ionesco E., *La Leçon*, Paris, Gallimard, collezione « Folio théâtre », 1994.

STUDI DI BENCHMARK

Esslin M., *Le théâtre de l'absurde*, Paris, Éditions Buchet Chastel, 1992.

Enciclopedia della letteratura, Le Livre de Poche, 2003.

Ionesco E., *Notes et contre-notes*, Paris, Gallimard, collezione "Folio essais", 1966.

"La storia", in *Théâtre de la Huchette*, consultato il 4 novembre 2011. http://www.theatre-huchette.com/un-peu-dhistoire/spectacle-ionesco/lhistoire/

Riendeau P., "Assurdo (teatro dell'assurdo)", in *Le Dictionnaire du littéraire*, Paris, PUF, 2002.

Vogliamo sapere da voi!
Lasciate un commento sulla vostra biblioteca online
e condividete i vostri libri preferiti sui social media!

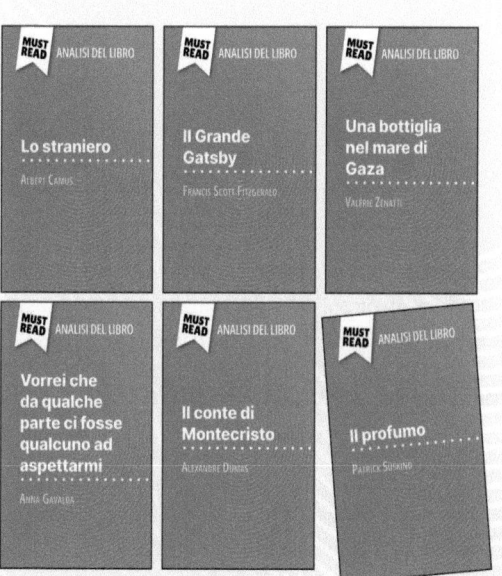

www.50minutes.com

Master ISBN: 9782808689748
ISBN cartaceo: 9782808611145
Deposito legale: D/2023/12603/1394

Copertura: © Primento

Concezione digitale a cura di Primento, il partner digitale degli editori.